BEI GRIN MACHT SICH IHR
WISSEN BEZAHLT

- Wir veröffentlichen Ihre Hausarbeit,
  Bachelor- und Masterarbeit

- Ihr eigenes eBook und Buch -
  weltweit in allen wichtigen Shops

- Verdienen Sie an jedem Verkauf

Jetzt bei www.GRIN.com hochladen
und kostenlos publizieren

Maximilian Stangier

Bildung und Management – Zeitgemäße Verbindung oder Widerspruch

GRIN Verlag

Bibliografische Information der Deutschen Nationalbibliothek:

Die Deutsche Bibliothek verzeichnet diese Publikation in der Deutschen National-
bibliografie; detaillierte bibliografische Daten sind im Internet über http://dnb.d-
nb.de/ abrufbar.

Impressum:

Copyright © 2010 GRIN Verlag, Open Publishing GmbH
Druck und Bindung: Books on Demand GmbH, Norderstedt Germany
ISBN: 978-3-640-82802-9

Dieses Buch bei GRIN:

http://www.grin.com/de/e-book/166605/bildung-und-management-zeitgemaesse-
verbindung-oder-widerspruch

GRIN - Your knowledge has value

Bildung und Management – Zeitgemäße Verbindung oder Widerspruch

Referatsarbeit

Aus dem Seminar: „Betriebliches Bildungscontrolling zwischen Bildungs- und Managementtheorien"

Modul: „GS 08003 - Kompetenzentwicklung, Berufsbildungstheorie und vergleichende Berufsbildungsforschung"

Autor:

Maximilian Stangier

2010

Inhaltsverzeichnis

„Ein Blick in den Alltag von Bildungs- und Wissenschaftsinstitutionen macht deutlich, dass auf beiden Managementebenen ein Professionalisierungsbedarf besteht. Trotz grundlegend veränderter Anforderungen und einem zunehmend betriebswirtschaftlich geprägten Bildungs- und Wissenschaftssystem sind Managementpositionen häufig semi-professionell besetzt" (Arbeitsbereich Weiterbildung und Bildungsmanagement - Carl von Ossietzky Universität Oldenburg 2004, Der Masterstudiengang Bildungsmanagement).

1. Einleitung

Das Eingangszitat stammt aus dem Internet-Auftritt der Carl von Ossietzky Universität Oldenburg und bewirbt den dort angebotenen Masterstudiengang „Bildungsmanagement - MBA". Das Ziel des Studiengangs ist die praxisnahe und wissenschaftlich fundierte Ausbildung, welche zu professionellem Managementhandeln in Bildungs-, Weiterbildungs- bzw. Hochschul- und Wissenschaftsinstitutionen befähigen soll (vgl. Carl v. Ossietzky Universität 2004, Der Masterstudiengang Bildungsmanagement). Es wird festgestellt, dass Managementpositionen in den angesprochenen Institutionen oft „semi-professionell" besetzt sind. Hierauf soll, in Ermangelung empirischer Erkenntnisse, nicht weiter eingegangen werden, subjektiv erscheint aber zumindest die Auffassung nicht verkehrt, dass es, um eine Institution zu leiten, diverser Managementfähigkeiten bedarf. Dass aus einem Managementstudiengang speziell für Bildungsinstitutionen dann das beschriebene „Bildungsmanagement" wird scheint zunächst logisch. Im „Wörterbuch der Berufs- und Wirtschaftspädagogik" wird Bildungsmanagement in ähnlicher Weise gefasst, als Organisationssystem einer pädagogischen Einrichtung, bspw. einer Schulverwaltung (vgl. Geißler 2006, S.188f). Lässt sich die Verquickung von „Bildung" und „Management" in ihrer reinen Funktionalität aber wirklich so leicht auflösen? Gerade im betrieblichen Kontext findet Aus- und Weiterbildung mehr und mehr auch unter dem Passus des „Bildungsmanagements" statt, dessen Kritiker einwerfen, dass die innerbetriebliche Ausbildung letztlich nur der Produktivitätssteigerung diene und Aspekte einer echten Menschenbildung vernachlässigt werden (vgl. Dubs 2008, S.29).

Es gehen die Meinungen über die Statthaftigkeit der Verbindung des historisch besetzten Begriffes der Bildung und eines modernen, betriebswirtschaftlichen Paradigmen folgenden Begriffes wie „Management" auseinander. Diese Problematik soll Gegenstand der folgenden Ausarbeitung werden.

Fakt ist nun, dass sich die Gesellschaft in den letzten Jahren in einem grundlegenden Wandlungsprozess befindet. Nach dem Wandel der Agrargesellschaft hin zur Industriegesellschaft in den vorigen Jahrhunderten erleben wir heute die Umformung zur Wissens- und Dienstleistungsgesellschaft (vgl. Diesner 2008, S.1). Die Wettbewerbssituation für Unternehmen ändert sich massiv indem durch Globalisierung und Internationalisierung bestimmte Güter-, Arbeits- und Informationsmärkte eine zunehmende Beschleunigung der Produktions- und Innovationsprozesse erleben. Zeit, Flexibilität und der zielgerichtete Einsatz von Know-how sind zu den entscheidenden Kriterien im Wettbewerb geworden. Zu einem entscheidenden Faktor wird dabei Wissen, dessen Vermittlung spätestens seit der Aufklärung nicht mehr allein im Auftrage der Erfüllung sozialbedingter Rollen steht. In einem Atemzug mit Wissen wird nun nicht selten auch von Bildung als entscheidendem Wettbewerbsfaktor gesprochen. Weiter noch wird sie in wiederkehrender Agitation, zu Recht, zum Dreh- und Angelpunkt für das Wohl einer gesamten Gesellschaft:

> „Meine Damen und Herren, Wohlstand für alle heißt heute und morgen: Bildung für alle [Rede von Bundeskanzlerin Angela Merkel bei der Festveranstaltung „60 Jahre Soziale Marktwirtschaft" am 12. Juni 2008 in Berlin - Anm.d.V.]" (Merkel 2008, S.26).

Das scheinbar entgegengesetzt stehende Paradigma, streng an den Gesetzen der Ökonomie ausgerichtet, ist jenes der Wirtschaft. Aus diesem Bereich nun kommt der begriffliche Konterpart, Management, dessen Kombinationsfähigkeit mit Bildung in dieser Arbeit hinterfragt werden soll.

Das ökonomische Prinzip beinhaltet, nach Schierenbeck und Wöhle (2008), das Streben nach Ertrags- bzw. Leistungs-Maximierung, Aufwands- bzw. Kosten-Minimierung sowie dem Versuch beides gleichzeitig zu erreichen (vgl. Schierenbeck, Wöhle 2008, S.6). Die klassische Definition von Bildung nach Humboldt hingegen stellt, wie später zu zeigen ist, weder Effektivität noch Effizienz sondern den Menschen in den Vordergrund und sieht eine, auf die im Kern des Individuums angelegten Fähigkeiten aufbauende, Entwicklung der Gesamtpersönlichkeit vor (Koselleck nach Groppe 2006, S.47). Augenmerk ist hier auf den semantischen Unterschied von Erziehung hin zu Bildung zu legen, welcher den zentralen Unterschied zur Interpretation der frühen Aufklärung dokumentiert. Das Individuum als solches wird neubewertet und nicht mehr primär als Gemeinschaftswesen betrachtet, sondern hat als freies Einzelwesen einen Eigenwert.

Die zentrale Fragestellung dieser Arbeit leitet sich aus dem zu vermutenden Widerspruch ab: Verträgt sich eine ökonomische Zielsetzung mit den Zielen einer, nach

Humboldt, nicht zweckgebundenen, ganzheitlichen Bildung? Und lässt sich Bildung in das Korsett wirtschaftlicher Erfordernisse zwängen ohne sich selbst im Grundsatz zu widersprechen? Eine ausführliche Betrachtung dieser Problematik erfordert eine integrierende Betrachtung des Begriffes der Bildung, der ihr zu Grunde liegenden Philosophie und Paradigmen in der Gegenüberstellung zum wirtschaftlich geprägten Konstrukt Management. Dies kann in der Kürze dieser Arbeit kaum geleistet werden.

Beide Themenfixpunkte können in ihrer Beschreibung und Erfassung nur einge-schränkt betrachtet werden und eine vollständige Herleitung sowohl des Bildungsbe-griffes, ausgehend von Aufklärung über die preußischen Reformen hin zur Gestal-tung durch Humboldt bis zu modernen Interpretationen, als auch der ökonomischen Bedingungen von Management müssen außen vor bleiben.

Da eine Auswahl getroffen werden muss, wird im ersten Abschnitt zunächst der Be-griff der Bildung nach Humboldt vertieft. Dem folgt eine Betrachtung des Begriffs-spektrums „Management" in Bezug zu zwei ausgewählten Theorien des Manage-ments. Anhand der Überprüfung von inhaltlicher Zielkomplementarität der Ideen soll eine Bewertung der Konsistenz der Kombination Bildung und Management ermög-licht werden. Sie wird in einem abschließenden Resümee dargelegt.

2. Der Bildungsbegriff nach Humboldt

Ausgangspunkt aller Überlegungen war Mitte des 18.Jhd. die Zielsetzung, und diese war keineswegs von Humboldt entwickelt sondern entsprach dem propagierten hu-manistischen Ideal der Zeit, der Mensch solle in der Welt glücklich sein (vgl. Müller 1977, S.96). Humboldts Lehre wird demzufolge auch oft unter dem Passus der „Hu-manitätsidee" gefasst (vgl. Kawohl 1969, S.13). Als die Perspektiven unter denen der Humanismus zu fassen ist, werden Psychologie, Ethik und Ästhetik genannt. Für Humboldt und seine Humanitätsidee ist, in starker Abhängigkeit zu den Lehren Kants, der Topos der Ethik bestimmend (vgl. Kawohl 1969, S.13). Im Unterschied zu den frühen Aufklärungspädagogen, welche in erster Linie den Erziehungsbegriff bemühen, prägt Humboldts Verständnis einer ethischen Pädagogik den Begriff der Bildung.

Sein Bildungsbegriff sah eine, auf die im Kern des Individuums angelegten Fähigkei-ten aufbauende, Entwicklung der Gesamtpersönlichkeit vor (Koselleck nach Groppe 2006, S.47). Augenmerk ist auf den Begriffswechsel von Erziehung hin zu Bildung zu legen, welcher den zentralen Unterschied zur Interpretation von Bildung durch die Aufklärung dokumentiert. Das Individuum als solches wird neubewertet und nicht mehr primär als Gemeinschaftswesen betrachtet sondern hat als freies Einzelwesen einen Eigenwert sowie eine Motivation sich zu entwickeln.

> „Im Mittelpunkt aller besonderen Arten der Thätigkeit nemlich steht der Mensch, der ohne alle, auf irgend etwas Einzelnes gerichtete Absicht, nur die Kräfte seiner Natur stärken und erhöhen, seinem Wesen Werth und Dauer verschaffen will" (Humboldt ca.1793 - Theorie der Bildung des Menschen, hrsg. von Flitner, Giel 1960, S.235).

Im Gegensatz zu althergebrachten Interpretationen der Aufgabe des Menschen auf der Erde (der Aufklärungspädagoge Johann Bernhard Basedow erklärte zum Hauptzweck der Erziehung noch 1770 die Hinleitung und Vorbereitung zu einem gemeinnützigen, patriotischen und glückseligen Leben) stand nun zunächst die Ausbildung der eigenen Persönlichkeit, des „Selbst" im Vordergrund (Groppe 2006, S.47).

> „Der Wahre Zweck des Menschen – nicht der, welchen die wechselnde Neigung, sondern welchen die ewig unveränderliche Vernunft ihm vorschreibt – ist die höchste und proportionierlichste Bildung seiner Kräfte zu einem Ganzen. Zu dieser Bildung ist Freiheit die erste, und unerlassliche Bedingung" (Humboldt 1792 - Ideen zu einem Versuch, die Grenzen der Wirksamkeit des Staats zu bestimmen, hrsg. von Flitner, Giel 1960, S.64).

Nicht mehr die gesellschaftlich, herkunftsorientierte Doktrin der Geburt sollte also über den Verlauf des Lebens entscheiden, sondern nur die in Freiheit getroffene, eigene Entscheidung auf der Grundlage der den eigenen, spezifischen Anlagen am besten entsprechende Ausbildung. Ziel war die beste Entwicklung der Gottgegebenen Kräfte.

Dabei sollte diese Besinnung auf das Individuum nicht unter Abkehr von der Gesellschaft geschehen. Vielmehr fasste Humboldt die individuell-autonome Entfaltung im Dialog mit der Welt als beste Grundlage für den alle Kräfte des Menschen umfassenden Bildungsprozess. Letztlich sei es die Aufgabe des Daseins sich nicht von der Welt abzukapseln, sondern sich so in der Welt zu platzieren, das möglichst beide Seiten, Welt und Individuum, das höchste Maß an Gewinn aus der Wechselwirkung erzielen:

> „Die letzte Aufgabe unsres Daseyns: dem Begriff der Menschheit in unserer Person, sowohl während der Zeit unsres Lebens, als auch noch über dasselbe hinaus, durch die Spuren des lebendigen Wirkens, die wir zurücklassen, einen so grossen Inhalt, als möglich, zu verschaffen, diese Aufgabe löst sich allein durch die Verknüpfung unsres Ichs mit der Welt zu der allgemeinsten, regesten und freiesten Wechselwirkung" (Humboldt ca.1793, Theorie der Bildung des Menschen, hrsg. von Flitner, Giel 1960, S.235).

Zusammenfassend ließe sich der Bildungsbegriff Humboldts also als die Maxime begreifen, nach der eigenen Vollendung des abstrakten „Selbst" unter Beachtung der individuellen Anlagen und Fähigkeiten zu streben, wobei dies insgesamt der Gesellschaft zuträglich sein soll. Führt dies zur Glückseligkeit, entspricht es dem Bildungsbegriff (vgl. Vallentin 1999, S.198). Die Darstellung ist verkürzt und ließe sich unter Herleitung der philosophischen Wurzeln Humboldts (Kant, Fichte, Rousseau u.a.) präziser darstellen. Im Kern wird aber deutlich, dass im Mittelpunkt der Betrachtung nicht zuerst die Erfordernisse einer Gesellschaft oder einer Organisation bestimmend sind, sondern das Individuum Maß der Dinge ist. Mit der zielgerichteten Steuerung von Individuen befasst u.a. sich das Management.

3. Management

Als Management im eigentlichen Sinne wird in der heutigen Forschung all jenes Handeln planmäßiger Arbeitsvorbereitung, -einteilung und -überwachung verstanden, dass eine spezifisch ökonomische Orientierung aufweist (vgl. Staehle, Conrad, Sydow 1999, S.3ff). Von der Betriebswirtschaftslehre wird „Management" synonym zum Begriff „Führung" verwandt und behandelt, den Umstand, dass die Gestaltung von Unternehmungen mit einer bestimmten Absicht nicht dem Zufall überlassen werden kann, sondern zielorientiert gestaltet werden muss. Nach der neueren betriebswirtschaftlichen Literatur kann Unternehmensführung in die Bereiche Planung, Kontrolle, Organisation und Information zerlegt werden (vgl. Schneck 2007, S.347f), Als Ausgangspunkt der eigentlichen Entwicklung von Management wird die Industrialisierung herangezogen. In vorangegangener Zeit waren zwar ebenfalls Funktionen erkennbar, die man als Management bezeichnen könnte, hier traten aber vor allem religiöse, politische und militärische Ziele in den Vordergrund, welche trotz formaler Strukturen von Großorganisationen ein durchgehend ökonomisches und leistungsorientiertes Denken verhinderten (vgl. Staehle, Conrad, Sydow 1999, S.3). Ausgehend von der industriellen Revolution als Geburtsstunde des industriellen Managements findet die Managementforschung dort ihren Anfang. Sie produziert bis heute die unterschiedlichsten Theorien zum Themenbereich der „Führung in Organisationen" was als eine Interpretation des begrifflichen Inhaltes von Management zu deuten ist. Management ist dennoch mehr ein Phänomen als eine eindeutig definierbare Wissenschaft (vgl. von Eckardstein, Kasper, Mayrhofer 1999, S.9). So ist, historisch gesehen, die Existenz von Management dem Umstand der Arbeitsteilung geschuldet. Mit der exakten Zuweisung determinierter Aufgaben sowie vorgegebener Leistungserwartungen wurde eine Kontrolle im Sinne von Disziplinierung und Überwachung neben Planung (als Arbeitsvorbereitung) zu den als Management betitelten Notwendigkeiten der industriellen Produktion (vgl. Staehle, Conrad, Sydow 1999, S.25). Mit dem technischen Fortschritt rückte nach und nach der Mensch in den Mittelpunkt der Betrachtung. Maschinen übernahmen einen Großteil der Arbeiten und der Anfangs genannte Wandel von Industrie- hin zur Wissens- und Dienstleistungsgesellschaft rückt den Menschen heute mehr denn je als Produktionsfaktor in den Vordergrund.

Im rein funktionalen Sinne enthält Management im Kanon von Planung, Organisation, Führung und Kontrolle die Beschreibung der Prozesse und Funktionen, die in arbeitsteiligen Organisationen notwendig werden (vgl. Staehle, Conrad, Sydow 1999, S. 71). Ein Phänomen ist es insofern, als das sich die Disziplin Management der verschiedensten Fachgebiete bedient, ohne das jedoch die eigentlichen Manager immer zwangsläufig auf diesen Gebieten wissenschaftlich versiert sind. Management wird theoretisch fassbar gemacht aus den unterschiedlichsten Perspektiven, so z.b. Technik, Psychologie, Sozialpsychologie, Psychotherapie, Biologie oder Kybernetik um einen kleinen Ausschnitt zu nennen (vgl. Looss 1997, S.25).

Umfassende theoretisch fundierte Beschreibungen treten dennoch zurück vor einer Masse an publizierten Ratgebern und Konzepten für Führung. Ein geflügeltes Wort in diesem Zusammenhang ist Coaching (auch Consulting oder schlicht Beratung) was dem Umstand geschuldet ist, dass es kein eindeutig, theoretisch fundiert und im Feld bewiesenes Managementkonzept gibt, welches allen anderen Konzepten überlegen wäre. So sind Organisationsführungen stets auf der Suche nach neuen Modellen und Konzepten um ihr Absicherungsbedürfnis zu befriedigen, unternehmerische Entscheidungen nach bestmöglicher Kenntnis und Managementtechnik getroffen zu haben (vgl. Hoerner, Vitinus, S.11f).

Praktisch lassen sich zur Beschreibung von „richtigem" Management bestimmte Modewellen mit unterschiedlichen Schwerpunkten ausmachen. Während zu Beginn der Industrialisierung und eine lange Zeit danach Formen des später als „Scientific Management" bezeichneten Konzeptes bestimmend waren, nahm die Entwicklung und Verbreitung von neuen Trends nach dem 2. Weltkrieg rasant zu. Jede Dekade hatte ihre Mode. Als Beispiele: In den 50ern Computerisierung u. Management by Objectives, in den 60ern Zentralisation vs. Dezentralisation, in den 70ern Zero Base Budgeting und Portfolio Management, in den 80ern Management by Walking Around oder One-Minute Managing und in den 90er Jahren Lean Production, Lean Managment, Total Quality Management, Business Reengineering etc. (vgl. Staehle,

Conrad, Sydow 1999, S. 79). Jedem dieser Bereiche könnte nun ein eigener Abschnitt gewidmet werden.

Ziel der Arbeit aber soll die Bewertung der Kombinationsfähigkeit des Begriffes „Management" mit „Bildung" sein. Mit dem Verweis auf die unterschiedlichen Moden der Ausgestaltung von Management lässt sich vermuten, dass es Interpretationen gibt die zur Kombination besser, andere wiederum schlechter geeignet sind. In der folgenden Darstellung wird dementsprechend versucht einen Gegensatz aufzuzeigen und für jede Seite je ein Managementmodell zu finden.

3.1 Management von Wissen

Bereits im klassischen Management-Werk „The Principles of Scientific Management" von Frederick Taylor (1911) wurde deutlich, dass es sich bei arbeitsteilig produzierenden Organisationen auch immer um wissensbasierte Systeme handelt. Nur indem das individuelle Wissen der Mitarbeiter, das kollektive Wissen einzelner Arbeitsgruppen und das organisationale Wissen, das aus dem Zusammenwirken aller Beteiligten entsteht, zielgerichtet eingesetzt wird, kann die Produktivität der gesamten Organisation entscheidend beeinflusst werden (vgl. von Eckardstein, Kasper, Mayrhofer 1999, S.593). Wie bereits in der Einleitung erwähnt wird, zwingt der verschärfte Wettbewerbs- und Technologiedruck die Unternehmen zu einem gezielten Aufbau von Wissens-Potentialen. Es liegt daher nur nahe, Managementansätze zu finden und einzusetzen, die neben den herkömmlichen Zielen von Management, einem optimalen Produktionsablauf oder richtiger Ressourcenzuordnung, den Produktionsfaktor Mensch in den Mittelpunkt stellen (vgl. von Eckardstein, Kasper, Mayrhofer 1999, S.593). Ein neuer Gestaltungsansatz der diesem Umstand Rechnung trägt ist das so genannte „Wissensmanagement". Ziel dieses Ansatzes ist es, die Aufnahme und Bildung neuen Wissens mit Methoden der Verteilung und Verfügbarmachung zu verknüpfen was letztlich zu einer Verschmelzung organisatorischer Lernkonzepte mit Innovationstheorien und dem Einsatz moderner Kommunikations- und Informationstechnologien bedeutet (vgl. Steinmann, Schreyögg 2005, S.519).

Der entscheidende Unterschied des Wissensmanagements zu Konzepten wie dem organisationalen Lernen ist, dass es sich hierbei nicht um ein zusätzliches Managementinstrument oder die Schaffung interessanter Datenbasen handelt, sondern dass ganz fundamental die Grundlagen der organisatorischen Handlungsprozesse betroffen sind (vgl. Steinmann, Schreyögg 2005, S.519). Konzeptionell bedeutet dies, dass beim Management von Wissen Personen benannt, sowie Bekanntes erfasst und gezielt zur

Verfügung gestellt werden soll, während organisationales Lernen überwiegend deskriptiv orientiert ist und sich auf den Zusammenhang von individuellem und organisationalem Lernen beschränkt ohne die nachgelagerten Aspekte der Aufbereitung, Verteilung, der Nutzung und der Speicherung von Wissen eingehend zu beachten (vgl. Prange 2002, S.35).

Wissensmanagement gliedert sich nach Steinmann und Schreyögg (2005) in vier Elemente: (1) Die Generierung und den Erwerb neuen Wissens, (2) Wissensrepräsentation, -speicherung und –kontrolle, (3)Wissensbereitstellung und -verteilung sowie (4) Herstellung eines wissensförderlichen Kontextes (vgl. Steinmann, Schreyögg 2005, S.519).

Frühe Formen des Wissensmanagement hatten in den 60er Jahren noch erheblichen Umsetzungs- und Akzeptanzproblemen deren Hauptgründe heute in der Vernachlässigung des sozialen organisatorischen Kontextes und den Grenzen menschlicher Informationsverarbeitung gesehen werden. Auf der Kritik an den ersten Ansätzen baut eine zweite Generation von Wissensmanagement auf, welche den sozialen Entstehungs- und Verwendungszusammenhang von Wissen in den Vordergrund rückt und die Bedeutung unterschiedlicher Arten von Wissen betont (vgl. Steinmann, Schreyögg 2005, S.520). Es geht weiterhin um die Schaffung von Gelegenheiten, die einen Austausch von Wissen systematisch sicherstellt, in diesem Zusammenhang ist die Rede von „Communities of Practice". Sie waren ursprünglich gedacht als spontane Praxisgemeinschaften, die sich für eine bestimmte Problemlösung oder Fragestellung bilden (vgl. Steinmann, Schreyögg 2005, S.520). Wissensmanagement greift sie auf, systematisiert diese Vorgänge und macht sie in dekontextualisierter, Form typischerweise IT-basiert, zur Regel. Um nun die Qualität des ausgetauschten Wissens zu kontrollieren bzw. überhaupt Wissen von Nicht-Wissen und Trivialem zu unterscheiden wird sich Metakriterien bedient, die an Wissenschaftliche Methodik erinnert. So sollen kommunizierte Informationen die als Wissen geeignet scheinen in Prüf-Diskursen verhandelt und in unterschiedlichen Prüfverfahren validiert werden (vgl. Steinmann, Schreyögg 2005, S.522). Beispiele für Prüfverfahren sind Qualitätsmanagement, Verfahren des betrieblichen Vorschlagswesens oder andere Prozeduren im Sinne dialektischer Planung.

Es zeigt sich, dass Wissen eine Flussgröße und keine Bestandsgröße ist. Eine Managementtheorie aufbauend auf diesen Erkenntnissen muss sich mit den Potentialen und Kompetenzen ihrer Mitarbeiter befassen, die über die starre Qualifizierung für eine Aufgabe hinausgehen. Die Kombinationsfähigkeit mit dem Konstrukt „Bildung", in welcher Form nun auch immer, scheint gegeben.

3.2 Lean Management

Um einen Kontrast darzustellen, wird im Folgenden ein in den 90er Jahren unter dem Namen „Lean Management" eingeführtes Konzept dargestellt. Diese Strategie der betrieblichen Reorganisation hatte nachhaltige Auswirkungen auf Organisationen aus den unterschiedlichsten Branchen und gilt auch aktuell als Mittel der Zukunftsorientierung von Unternehmen.

Lean Management bedeutet übersetzt „Schlankes Management" und hat die Effizienzsteigerung bei gleichzeitiger Ausdünnung der betrieblichen Strukturen zum Ziel (vgl. von Eckardstein, Kasper, Mayrhofer 1999, S.433f). Den Anfang findet die Konzeptlegung im Begriff der „Lean Production" – „Schlanke Produktion" – welcher durch die Untersuchungen von James P. Womack, Daniel T. Jones und Daniel Roos 1992 geprägt wird (vgl. Schneck 2007, S. 586). Sie hatten am Massachusett Institute of Technology (MIT) bereits 1984 einen Forschungsauftrag von der US-Regierung erhalten, der ergründen sollte, warum die japanische Industrie boomte, während die US-amerikanische sowohl bei Kunden als auch Kapitalgebern in die Krise geriet (vgl. von Eckardstein, Kasper, Mayrhofer 1999, S.432). Die direkten Ergebnisse wurden nun weniger beachtet als die resultierenden Schlüsse, welche die Forscher publizierten. Die Beschreibung der immensen Produktivitätsvorsprünge der japanischen Automobilhersteller sowie deren Methoden wurden zur Pflichtlektüre für Praktiker und Wissenschaftler[1]. Es wurde erstmals in Zahlen der weite Vorsprung der japanischen Automobilindustrie zur eigenen aufgezeigt und die höhere Produktivität und Qualität der japanischen Hersteller vergleichbar dargestellt. In der Folge herrschten rege Reorganisationsbemühungen sowie Bestrebungen eines Know-How-Transfers aus Fern-Ost seitens der westlichen Automobilhersteller um die Rückstände wettzumachen.

Neben der technischen Komponente der effizienteren Prozessorganisation und – gestaltung liegt der Lean Production ein generelles Managementverständnis zugrunde, was als Lean Management auch in andere Bereiche transportiert wurde. Das Konzept wurde und wird angesichts der wirtschaftlich jüngsten Entwicklungen, als pragmatisch, ganzheitlich, integratives System der Unternehmensführung definiert,

---

1 - Womack, James P.; Roos, Daniel; Jones, Daniel T.; Stotko, Eberhard C. (Hrsg., 1991): Die zweite Revolution in der Autoindustrie : Konsequenzen aus der weltweiten Studie aus dem Massachusetts Institute of Technology, 3. Auflage, Frankfurt/Main.

das auf Kundenzufriedenheit, Marktnähe, Zeiteinsparung, durchweg auf die Kern-funktionen bezogene Wertschöpfungskette, auf die kontinuierliche Verbesserung von Produktivität, Qualität und Prozessen sowie auf die bestmögliche Ausnutzung des Humankapitals im Unternehmen konzentriert ist (vgl. Groth, Kammel nach von Eckardstein, Kasper, Mayrhofer 1999, S.435).

Die Grundprinzipien des Lean Management lassen sich dabei auf vier Kernelemente reduzieren. Nach von Eckardstein, Kasper, Mayrhofer (1999):

(1) Eine integrative, ganzheitliche Orientierung auf die Wertschöpfung gilt für die gesamte Leistungserstellung auch über die Unternehmensgrenzen hinaus bis hin zu Zulieferern und Kunden. Die gesamten Prozesse sollen bestmöglich aufeinander ab-gestimmt sein, Wechselwirkungen zwischen den Teilprozessen durchdacht werden.

(2) In der gesamten Arbeitsorganisation sollen die Abläufe einfach und überschau-bar erfolgen, um auf diese Weise Komplexität zu reduzieren. Konkret geht es um Vereinfachungen in der Konstruktion (Modularisierung, Standardisierung), in der Fertigungstechnik und in der Arbeitsorganisation (dezentrale Einheiten mit Selbstor-ganisation).

(3) Herstellung intensiver Kommunikation bzw. Rückkopplung um zwischen den einzelnen Teilbereichen Leerläufe, Doppelgleisigkeiten und Missverständnisse zu reduzieren. Trotz verstärkter Kommunikation soll es allerdings nicht zu einer Erhö-hung der Komplexität kommen.

(4) Orientierung der Organisationsmitglieder an dem Bewusstsein, dass ein wechsel-seitiger Nutzen gegeben ist. Es soll ein Verständnis wechselseitiger Verpflichtungen verinnerlicht werden das darüber hinaus auch im Kontakt zu Lieferanten und Kunden besteht. So wird ein „lean-prinzipienkonformer Verhaltenskodex" gefördert (vgl. von Eckardstein, Kasper, Mayrhofer 1999, S.436).

Im Gegensatz zu anderer Praktikerliteratur bietet Lean Management ganz konkret Möglichkeiten, sich den idealistisch anmutenden Vorgaben anzunähern. Bausteine, welche das Grundgerüst bilden, sind als eigene kleine Teilkonzepte zu verstehen, die allerdings immer nur im Zusammenhang mit den anderen wirksam werden. Schlag-worte, welche je für sich eingehend betrachtet werden könnten und als Basis fungie-ren sind: Simultaneous Engineering, flache Hierarchien und Teamarbeit, Outsourcing und Zuliefererintegration, Kundennähe, Total Quality Management, Integriertes In-formationsmanagement und Kommunikationskultur, Technische Auslegung, Fab-rikstruktur und Just-in-Time-Prinzip (vgl. von Eckardstein, Kasper, Mayrhofer 1999, S.437). Die einzelnen Bausteine sollen miteinander vernetzt sein und trotz der zahlreichen Interdependenzen keineswegs zu einer höheren Intransparenz oder Komplexität beitragen, sondern diese verringern.

Kritiker werfen dem Lean Management vor, lediglich die Kosteneinsparungen und Effizienzbemühungen unter einem neuen Etikett zu vermarkten. So sei es leichter, eine Zukunftsorientierung zu propagieren und zum Grunde für Entlassungen zu machen als aus Kostengründen und simpler Kalkulation Personal zu entlassen (vgl. Hoerner, Vitinius 1997, S.68). Ein weiterer zentraler Kritikpunkt am Lean Management leitet auch schließlich auf die Ausgangsfrage nach Kombinationsfähigkeit von Management mit Bildung hin. Mit der Maxime der Reduzierung von nicht-wertschöpfenden Tätigkeiten im Unternehmen kam die Frage nach der Muße für Kreativität auf (vgl. Hoerner, Vitinius 1997, S.70). Es findet sich hierauf keine befriedigende Antwort in den Konzepten zum Lean Management. Bedenkt man nun die anfangs genannten Ziele einer ganzheitlichen Bildung, scheint eine Kombination mit dem hier vorliegenden Managementverständnis problematisch, es stellt sich die Frage nach dem Wertschöpfungspotential von Bildung.

4. Resümee

Die Ausgangsfrage kann nur unbefriedigt beantwortet bleiben, wenn der Blick im begrenzten Rahmen dieser Ausarbeitung bleibt. Nichtsdestotrotz können einige Erkenntnisse formuliert werden, die zumindest helfen für tiefergehende Untersuchungen die richtigen Fragen zu stellen.

In diesem Sinne muss zunächst eine Korrektur vorgenommen werden. Die Frage, ob sich die Verbindung von Bildung und Management in ihrer reinen Funktionalität auflösen lässt ist trivial und kommt der naiven Frage „Darf man denn das?" gleich. Fakt ist, dass Kombinationen aus „Bildung" und ökonomisch geprägten Begriffen wie „Management" oder „Controlling" Realität sind und zumindest in ihrer semantischen Beschaffenheit nicht diskutiert werden müssen. Wenn ein Studiengang wie Bildungsmanagement existiert, in Organisationen Bildungsmanagement betrieben wird, ist es trivial darüber nachzudenken ob die Wortkonstruktion statthaft ist.

Interessanter wird es bei der inhaltlichen Interpretation. Es wurde für den Begriff Bildung die klassische Interpretation nach Humboldt herangezogen, die einer ganzen Spanne an Interpretationen des Phänomens Management gegenübersteht. Eine Kombination auf inhaltliche Konsistenz zu überprüfen, kann nun nur Anhand der Zielkomplementarität der Konzepte geschehen.

Die erste Feststellung diesbezüglich ist, dass Angesichts der Masse an Auslegungen, sowohl für Bildung als auch für Management, keine allgemeingültigen Aussagen möglich sind. Während die Betitelung von Organisationsprozessen als Bildungsmanagement in einer höheren Schule statthaft erscheint, mutet die gleiche Bezeichnung der Organisation von Qualifikationsmaßnahmen zur reinen ökonomischen Effektivitätssteigerung in Betrieben, mit Humboldt'schen Bildungsverständnis, unpassend an. Mit einem anderen Bildungsverständnis, bzw. einer anderen Managementkonzeption, wie bspw. dem vorgestellten Wissensmanagement, verändert sich die Situation und die Kombination erscheint stimmiger. Es entspinnt sich letztlich eine ethische Diskussion um den Antagonismus ökonomischer und ethischer Zielstellungen. Humboldt fordert die Verwirklichung des abstrakten Selbst unter Beachtung einer regen Wechselwirkung mit der Gesellschaft, einem ungefähren Gleichgewicht des Nutzens für beide Seiten. Bei einem Konzept, wie dem des Lean-Managements, das die Wertschöpfung als oberste Priorität hat und der Entwicklung des Individuums kaum Beachtung schenkt, scheint eine Kombination mit dem Bildungsbegriff nach Humboldt'schem Verständnis unangebracht. Findet sich ein relatives Gleichgewicht, wie es bei dem Konzept des Wissensmanagements anmutet, so ist die Kombination passender. Eine abschließende Beurteilung kann also angesichts der kurzen Zusammenfassungen der Konzepte an dieser Stelle kaum gegeben werden. In einer ausführlicheren Arbeit könnte erhoben werden, welche Konzepte und Kombinationen in welchen Kontexten genutzt werden um daraufhin die reelle Nutzung mit den Zielvorstellungen abzugleichen. Ein Problem hierbei wäre vermutlich die oft nur mangelnde theoretische Ausarbeitung der unterschiedlichen Konzepte.

5. Quellen

Carl von Ossietzky Universität Oldenburg (o.V., 2004): Der Masterstudiengang Bildungsmanagement. Online im Internet: AVL: URL:
< http://www.mba.uni-oldenburg.de/13970.html>
(Stand 2004, Letzter Abruf 04.03.2010).

Merkel, Angela (2008): Rede von Bundeskanzlerin Angela Merkel bei der Festveranstaltung „60 Jahre Soziale Marktwirtschaft" am 12. Juni 2008 in Berlin. Online im Inernet: AVL: URL:
<http://www.bundesregierung.de/Content/DE/Publikation/Bestellservice/__Anlagen/
2008-07-11-wohlstand-fuer-alle-bildung-fuer-
alle,property=publicationFile.pdf,%20PDF>
(Stand 2008, Letzter Abruf 08.03.2010).

6. Literatur

Diesner, Illona (2008): Bildungsmanagement in Unternehmen - Konzeptualisierung einer Theorie auf der normativen und strategischen Ebene, Wiesbaden.

Dubs, Rolf (2008): Gedanken zum Bildungsmanagement – ein Essay. In: Müller, Urlich; Schweizer, Gerd; Wippermann, Sven (Hrsg., 2008): Visionen entwickeln, Bildungsprozesse wirksam steuern, Führung professionell gestalten – Dokumentation zum Masterstudiengang Bildungsmanagement der Landesstiftung Baden-Württemberg, Bielefeld, S.29-36.

Flitner, Andreas; Giel, Klaus (1960): Wilhelm von Humboldt – Werke in Fünf Bänden I – Schriften zur Anthropologie und Geschichte, 2., durchgesehene Auflage, Darmstadt.

Geißler, Harald (2006): Bildungsmanagement. In: Kaiser, Franz-Josef; Pätzold, Günter (Hrsg., 2006): Wörterbuch Berufs- und Wirtschaftspädagogik, 2. Auflage, Bad Heilbrunn, S.188-189.

Groppe, Carola (2006): Pädagogik im 19. Jahrhundert. In: Harney, Klaus; Krüger, Heinz-Hermann (Hrsg., 2006): Einführung in die Geschichte der Erziehungswissenschaft und Erziehungswirklichkeit, 3. Auflage, Ulm, S.37-71.

Hoerner, Rolf; Vitinus, Katharina (1997): Heiße Luft in neuen Schläuchen – Ein kritischer Führer durch die Managementtheorien, Frankfurt a.m..

Kawohl, Irmgard (1969): Wilhelm von Humboldt in der Kritik des 20. Jahrhunderts, Ratingen.

Looss, Wolfgang (1997): Unter vier Augen – Coaching für Manager, 4., völlig überarbeitete Auflage, Landsberg/Lech.

Müller, Detlef K. (1977): Sozialstruktur und Schulsystem – Aspekte zum Strukturwandel des Schulwesens im 19. Jahrhundert, Göttingen.

Prange, Christiane (2002): Organisationales Lernen und Wissensmanagement - Fallbeispiele aus der Unternehmenspraxis, Wiesbaden.

Schierenbeck, Henner-, Wöhle, Claudia B. (2008): Grundzüge der Betriebswirtschaftslehre, 17. völlig überarbeitete und aktualisierte Auflage, München.

Schneck, Ottmar (Hrsg., 2007): Lexikon der Betriebswirtschaft, 7., überarbeitete und erweiterte Auflage, München.

Staehle, Wolfgang H.; Conrad, Peter; Sydow, Jörg (1999): Managment – Eine verhaltenswissenschaftliche Perspektive, 8. überarbeitete Auflage, München.

Steinmann, Horst; Schreyögg, Georg (2005): Management – Grundlagen der Unternehmensführung – Konzepte – Funktionen – Fallstudien, 6., vollständig überarbeitete Auflage, Wiesbaden.

Vallentin, Rudolf (1999): Wilhelm von Humboldts Bildungs- und Erziehungskonzept – Eine politisch motivierte Gegenposition zum Utilitarismus der Aufklärungspädagogik, München.

Von Eckardstein, Dudo; Kasper, Helmut; Mayrhofer, Wolfgang (Hrsg., 1999): Management – Theorien – Führung – Veränderung, Stuttgart.